A wyddoch chi am
Adar Cymru?

Cardiff Libraries
www.cardiff.gov.uk/libraries

Llyfrgelloedd Caerdydd
www.caerdydd.gov.uk/llyfrgelloedd

diddorol

rhyfedd

anhygoel

anghredadwy

gwych

difyr

Diolch i Zac a Sam Archer a Morgan J. Jones am blannu'r hedyn ar gyfer y gyfres.

Cyhoeddwyd gyntaf yn 2016 gan
Wasg Gomer, Llandysul, Ceredigion, SA44 4JL
www.gomer.co.uk
ISBN 978 1 78562 020 1
ⓗ y testun: Elin Meek, 2016 ©
ⓗ y cartwnau: Eric Heyman, 2016 ©

Noddwyd gan Lywodraeth Cymru.

Cyhoeddwyd dan nawdd Cynllun Adnoddau Addysgu a Dysgu CBAC.

Argraffwyd a rhwymwyd yng Nghymru gan Wasg Gomer, Llandysul, Ceredigion, SA44 4JL

Dymuna'r cyhoeddwyr ddiolch i'r canlynol am roi caniatâd i atgynhyrchu lluniau yn y llyfr hwn:
Clawr blaen: Shutterstock (Targn Pleiades; CHC3537; Ammit Jack; Amit Erez; Cheryl E. Davis).
Alamy Stock Photo: t. 29 (R Heyes Design; Phil Rees; R Heyes Design; Johnny Jones; atgof.co), 30 (Shangara
    Singh; Elizabeth Leyden; Stephen Barnes/Northern Ireland).
Shutterstock.com: t. 6 (Vishnevskiy Vasily; KOO; Paul Reeves Photography; Menno Schaefer; Nate Allred),
    7 (Amit Erez; Katherine Bennett uk; Robert L Kothenbeutel; John Navajo; Cheryl E. Davis), 8 (Claire
    Plumridge; marilyn barbone; mary981; Franc Wiedenhoff; Scott M Ward; MAC1), 9 (david haylock; Rudmer
    Zwerver; Alexander Erdbeer; Dhoxax; Maria Gaellman; Vishnevskiy Vasily; Soru Epotok; AlekseyKarpenko;
    MartiniDry), 10 (Soru Epotok; AlekseyKarpenko; Dionisvera; AlekseyKarpenko; Rudmer Zwerver), 11 (MMCez;
    Erni; Erni; aaltair; Erni; craigbirdphotos), 12 (Gyvafoto; Fabio Lotti; Erni; Pam Garland; Butterfly Hunter;
    CHC3537), 13 (Erni; JuliusKielaitis; Mark Caunt; Katherine Bennett uk; Scott M Ward; Deenida; JIANG
    HONGYAN; Gertjan Hooijer), 14 (Rob Christiaans; Gallinago_media; Sergey Chayko; xpixel; LFRabanedo;
    Gabriela Insuratelu), 15 (Erni; Johan Swanepoel; Targn Pleiades; Erni; Roger Hall), 16 (AlessandroZocc;
    Chris Hill; Teri Virbickis; Forance; BogdanBoev), 17 (Mark Medcalf; Mark Medcalf; Targn Pleiades; Vladimir
    Kogan Michael), 18 (Yongyut Kumsri; bofotolux; Tobias Arhelger; Imfoto; aaltair; Leena Robinson), 19 (iliuta
    goean; guentermanaus; Bildagentur Zoonar GmbH; Vladimir Wrangel; eldo; Potapov Alexander; R. Gino
    Santa Maria), 20 (davemhuntphotography; Art Wittingen; Ammit Jack; David Havel; Patrick Rolands), 21
    (Eric Gevaert; annastock; Mark Medcalf; David Dohnal; Dr. Morley Read; Krivosheev Vitaly), 22 (Erni; Hugh
    Lansdown; Gallinago_media; HomeStudio; Happy Together; russ witherington; guentermanaus), 23 (Gail
    Johnson; Mihai Simonia; Robert L Kothenbeutel; PureSolution), 24 (1000 Words; Jane Rix; Jeanie333;
    balounm; Martin Fowler; JuliaST; Edward Hasting-Evans; wim claes), 25 (Edward Hasting-Evans; DH Photo;
    Wolfgang Kruck; Sergey Uryadnikov; Erni; Abi Warner), 26 (Pacific Northwest Photo; Sue Robinson;
    itakefotos4u; Stefan Holm), 27 (John C Evans; Gallinago_media; Borislav Borisov; Hugh Lansdown), 28 (Erni;
    Nigel Dowsett; Joe West; Lana839; Kwanbenz), 29 (fong; Erni; David Pegzlz; Peter Schwarz), 30 (KOO;
    Carl Britton; CyberKat), 31 (Ludvig; JuliusKielaitis; Mike Charles; John Morrison), 32 (dirkr; Cr3ativ3 Pixel;
    Imagenet; B Calkins; karamysh).
www.birdsinwales.org.uk: t. 30.

A wyddoch chi am Adar Cymru?

Elin Meek

Cartwnau gan Eric Heyman

Gomer

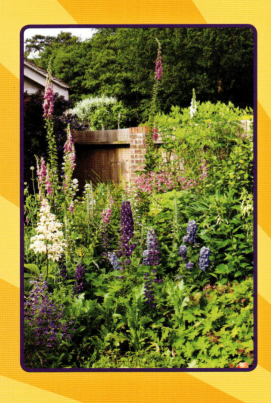

Cynnwys

Beth yw aderyn?
A wyddoch chi ...

★ Mae aderyn yn anifail sydd â:
- gwaed cynnes
- asgwrn cefn
- plu
- adenydd
- dwy goes gennog (a dwy droed!)
- pig

Ffaith!

Datblygodd adar o ddeinosoriaid bach!

★ Mae rhai adar yn aros yng Nghymru drwy'r flwyddyn, fel yr aderyn du.

★ Mae rhai adar yn dod yma i dreulio'r haf yn unig, fel y wennol.

★ Mae rhai adar yma dros y gaeaf yn unig, fel alarch y gogledd.

Ffaith!

Does dim dannedd gan adar!

Plu

★ Mae dau fath o blu gan bob aderyn:
- y plu mwyaf, yn yr adenydd a'r gynffon
- mân blu i gadw'r aderyn yn gynnes

★ Fel arfer, y ceiliog sydd â'r plu mwyaf lliwgar. Mae'r plu hyn yn denu'r iâr ac yn codi ofn ar elynion.

★ Mae plu'r iâr yn llai lliwgar. Felly dydy'r gelynion ddim yn sylwi arni pan fydd yn adeiladu nyth.

★ Pan fydd hi'n oer, bydd adar yn codi eu plu er mwyn gwneud pocedi o aer i'w cadw'n gynnes.

C+A

CWESTIWN: Sawl math gwahanol o adar sydd yng Nghymru heddiw?
ATEB: Dros 200.

Aderyn du

Gwennol

Alarch y gogledd

Geirfa

cennog: rhywbeth sydd â chen drosto, sef darnau bach o groen caled

mân: bach iawn

ceiliog: aderyn sy'n gallu bod yn dad

iâr: aderyn sy'n gallu bod yn fam

gelyn/gelynion: rhywun sydd eisiau gwneud drwg

A wyddoch chi ...

★ Mae pig bachog gan adar ysglyfaethus.

★ Mae pigau byr a chryf gan adar sy'n bwyta hadau neu gnau er mwyn torri'r fasgl.

★ Mae pigau hir a main gan adar sy'n dal ac yn bwyta pryfed.

pig bachog

Esgyrn

★ Mae gan adar esgyrn sy'n ysgafn, tenau a chryf.

★ Mae canol esgyrn adar yn wag. Petai esgyrn adar fel esgyrn pobl, bydden nhw'n rhy drwm a fydden nhw ddim yn gallu hedfan.

pig byr

C+A

CWESTIWN: Pa mor gyflym mae adar yn hedfan?

ATEB: Bydd adar bach yn hedfan tua 20 milltir yr awr, ond mae adar fel hebog yn gallu hedfan tua 50 i 60 milltir yr awr.

pig hir a main

Nythod

★ Mae adar yn adeiladu nyth i ddodwy wyau a magu'r cywion bach.

★ Mae rhai nythod yn fawr ac eraill yn fach.

★ Mae rhai nythod yn daclus ac eraill yn anniben tost.

★ Dydy'r gwcw, neu'r gog, ddim yn gwneud nyth o gwbl. Mae'n dwyn nyth adar eraill!

C+A

CWESTIWN: Pa mor hir mae adar yn byw?

ATEB: Dydy adar bach ddim yn byw'n hir, tua dwy i dair blynedd. Ond mae adar mawr y môr yn gallu byw hyd at 30 mlynedd a mwy.

Geirfa

aderyn/adar ysglyfaethus: adar sy'n bwyta cig
masgl: casyn sydd o gwmpas hadau neu gnau
asgwrn/esgyrn: darn caled sy'n creu sgerbwd unrhyw greadur sydd ag asgwrn cefn

Adar yr ardd
A wyddoch chi ...

Ffaith!

Mae llawer o adar yr ardd yn treulio 75% o'r amser y maen nhw'n effro yn chwilio am fwyd.

★ Mae adar yn hoffi dod i'r ardd – yn y wlad, yn y dref a'r ddinas. Beth am wylio i weld pa adar sy'n dod i'ch gardd chi?

Robin goch

★ Fel arfer, un robin goch fydd yn yr ardd ar y tro.

★ Mae'r robin yn canu i gadw adar eraill draw.

★ Mae'n canu drwy'r flwyddyn; does dim llawer o adar Cymru'n gwneud hynny.

★ Yn aml, mae'r robin goch yn nythu mewn mannau rhyfedd: mewn hen esgid, mewn sied neu garej.

★ Hoff fwyd robin yw pryfed, lindys a chorynnod neu bryfed cop.

★ Pan ddaeth postmyn gyntaf i Gymru, roedden nhw'n gwisgo siacedi coch, felly cawson nhw'r enw 'robin'.

Aderyn du

★ Yr aderyn du yw aderyn mwyaf cyffredin yr ardd yng Nghymru.

★ Mae'r aderyn du'n hoffi agor ei adenydd er mwyn torheulo.

★ Mae cân yr aderyn du yn arbennig o brydferth.

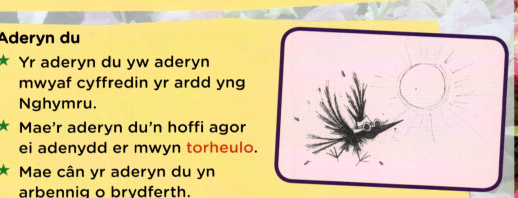

Titw tomos las

★ Mae'r titw tomos las yn dipyn o acrobat. Mae'n hongian ben i waered wrth fwyta.

★ Os rhowch chi flwch nythu yn yr ardd, mae'r titw tomos yn hoffi ei ddefnyddio.

★ Mae'r titw tomos yn pwyso'r un faint â darn punt.

Dryw

★ Mae'r dryw yn sefyll â'i gynffon yn syth i fyny pan fydd yn llonydd.

★ Bydd y ceiliog yn adeiladu sawl nyth ac yn denu'r iâr i ddodwy yn un ohonyn nhw.

★ Yn y gaeaf, mae llawer o ddrywod yn dod at ei gilydd i gysgu er mwyn cadw'n gynnes.

Ffaith!

Roedd llun y dryw'n arfer bod ar hen ddarn arian – chwarter hen geiniog. Cafodd y rhai diwethaf eu bathu yn 1956.

Geirfa

torheulo: gorwedd yn yr haul

A wyddoch chi ...

Ffaith!

Mae'n debyg fod jac-y-do a phïod yn hoffi pethau disglair fel darnau o wydr a phapur gloyw.

jac-y-do

Jac-y-do

★ Mae gan jac-y-do lygaid llwydlas.

★ Mae jac-y-do i'w weld mewn haid fel arfer.

Aderyn y to

★ Roedd adar y to wedi mynd yn brin ond mae mwy ohonyn nhw yng Nghymru ar hyn o bryd.

★ Hercian mae aderyn y to, nid cerdded.

★ Yn y dref, mae adar y to'n edrych yn fwy tywyll, ond yn y wlad mae lliwiau'r plu'n amlwg.

★ Fel arfer mae llawer o adar y to'n nythu gyda'i gilydd o dan y bondo, o dan bontydd ac mewn tyllau mewn coed.

Adar y to

Bronfraith

★ Mae'r fronfraith yn hoffi bwyta malwod. Mae'n bwrw'r falwoden yn erbyn carreg er mwyn torri'r gragen.

Bronfraith

Llinos werdd

★ Mae'r llinos werdd wrth ei bodd yn bwyta hadau blodau'r haul.

Llinos werdd

Ji-binc

★ Mae nyth y ji-binc yn arbennig o hardd. Mae'n defnyddio gwe pry cop i glymu gwair, mwsogl a gwreiddiau mân at ei gilydd. Wedyn mae'n rhoi plu ynddo fel leinin.

★ Mae'r ceiliog ji-binc yn lliwgar iawn: mae'n llwydlas, pinc, browngoch a gwyn.

Drudwen

★ Weithiau, bydd miloedd o ddrudwy'n dod at ei gilydd i glwydo. Maen nhw'n edrych fel cwmwl mawr du yn yr awyr.

★ Mae drudwy'n hoffi clwydo o dan bier Aberystwyth.

★ Mae'r drudwy'n gallu dynwared cân adar eraill a sŵn chwiban dyn, hyd yn oed.

Geirfa

llwydlas: lliw sy'n debyg i lwyd a glas
haid: llawer o adar o'r un math
bondo: darn sydd o dan y to
browngoch: lliw sy'n debyg i frown a choch
clwydo: mynd i rywle arbennig i gysgu
dynwared: copïo
egin: blodau neu ddail cyn iddyn nhw agor

Ffaith!

Mae coch y berllan yn hoffi bwyta egin coed ffrwythau. Felly, gwyliwch eich coeden afalau yn y gwanwyn!

Adar y goedwig
A wyddoch chi ...

Y dryw eurben yw'r aderyn lleiaf yng Nghymru. Mae tua wyth centimetr o hyd. Mae'n hoffi nythu yn y coed bythwyrdd talaf.

Cnocell y coed

★ Mae cnocell y coed yn gallu taro pren coeden 40 gwaith yr eiliad.

★ Mae'n gwneud hyn er mwyn dod o hyd i bryfed i'w bwyta, a hefyd i wneud tyllau.

★ Mae'r gnocell yn treulio'r nos yn y twll, ac yn gwneud nyth yno yn y gwanwyn.

★ Mae gan y gnocell ddau fys sy'n wynebu ymlaen, a dau fys sy'n wynebu am yn ôl. Mae hyn yn ei helpu i ddringo i fyny ochr boncyff coeden.

Cnocell y coed

Sgrech y coed

★ Mae sgrech y coed yn perthyn i deulu'r brain. Dyma aelod mwyaf lliwgar y teulu!

★ Nid canu mae sgrech y coed, ond sgrechian.

★ Mae'n hoffi claddu mes yn yr hydref er mwyn eu bwyta yn y gaeaf.

Sgrech y coed

C+A

CWESTIWN: Pam mae delor y cnau yn unigryw?

ATEB: Delor y cnau yw'r unig aderyn sy'n gallu symud i lawr boncyff coeden, a'i ben gyntaf, i chwilio am fwyd.

Geirfa

coeden fythwyrdd/coed bythwyrdd: coed sydd â dail gwyrdd drwy'r flwyddyn

mesen/mes: ffrwyth y dderwen

A wyddoch chi ...

Titw mawr

Titw mawr

★ Mae'r titw mawr yn gwneud nyth pan fydd yn siŵr fod digon o lindys ar gael i'r cywion. Mae'n bwydo dros 10 000 o lindys iddyn nhw!

CWESTIWN: Sawl nodyn sydd yng nghân y titw mawr?

ATEB: Dim ond dau!

Titw cynffon hir

★ Mae'r titw cynffon hir yn gwneud nyth maint pêl tennis o fwsogl, plu, gwe pry cop a gwallt.

Titw cynffon hir

★ Maen nhw'n gallu cymryd hyd at dair wythnos i'w adeiladu, ac mae'n mynd yn fwy wrth i'r cywion bach dyfu.

★ Welwch chi byth ditw cynffon hir ar ei ben ei hun. Maen nhw bob amser yn hedfan yn haid gyda'i gilydd.

Cnocell werdd

Cnocell werdd

★ Mae gan y gnocell werdd dafod hir ac mae'n hoffi sugno morgrug i fyny o'r ddaear.

★ Mae cân ryfedd gan y gnocell werdd; mae'n swnio fel petai hi'n chwerthin!

Y gylfin groes

★ Croesbig yw'r enw arall ar y gylfin groes. Mae'n hawdd gweld pam! Mae rhai pobl yn meddwl ei bod yn edrych yn debyg i barot.

★ Mae llawer yn nythu yng nghoed conwydd Cymru.

Y gylfin groes

CWESTIWN: Beth yw hoff fwyd y nico?

ATEB: Hadau.

Geirfa

mwsogl: planhigyn gwyrdd isel heb flodau sy'n byw mewn mannau llaith a gwlyb

morgrugyn/morgrug: trychfilyn bach iawn sy'n byw mewn haid

coeden gonwydd/coed conwydd: coed tal, bythwyrdd

Adar y glannau
A wyddoch chi ...

Gwylan

★ Mae sawl math o wylan i'w gweld yng Nghymru. Bydd **gwylan y penwaig** yn aros yma drwy'r flwyddyn, ond ymweld â Chymru y mae'r **wylan goesfelen** a **gwylan y gweunydd**.

★ Mae gwylanod yn hoffi bwyta crancod. Maen nhw'n eu gollwng nhw ar graig er mwyn torri'r gragen.

★ Maen nhw'n hoffi bwyta pob math o fwyd rydyn ni'n eu gadael ar y traeth neu ar stryd tref lan môr.

Gwylan y penwaig

Gwylan goesfelen

Gwylan y gweunydd

Ffaith!

Dydy'r wylan byth yn cario bwyd i'w chywion. Mae'n ei fwyta, ac yna yn ei daflu i fyny eto! Bydd y cywion yn bwyta oddi ar lawr neu drwy roi eu pigau a'u pennau i lawr gwddf yr wylan.

Bilidowcar

★ Mae'r bilidowcar yn gallu bwyta mwy o bysgod na'i bwysau ei hun mewn diwrnod. Bydd yn deifio o dan y dŵr ac yn bwyta nes bydd ei grombil yn llawn.

C+A

CWESTIWN: Beth sy'n arbennig am y bilidowcar?

ATEB: Y bilidowcar yw'r unig aderyn sydd ddim yn cynhyrchu olew i gadw dŵr rhag glynu yn ei blu. Felly mae'n gorfod eu sychu bob tro y daw i'r lan.

Glas y dorlan

★ Mae glas y dorlan yn nythu ar hyd afonydd Cymru, mewn twll yn y dorlan.

★ Mae'n aderyn lliwgar iawn – mae'n las, oren a gwyn.

★ Weithiau bydd glas y dorlan yn hofran wrth bysgota, ond fel arfer mae'n hedfan yn syth fel saeth ac yn gyflym iawn.

★ Mae'r ceiliog yn rhoi pysgodyn i'r iâr er mwyn dangos ei fod yn ei hoffi.

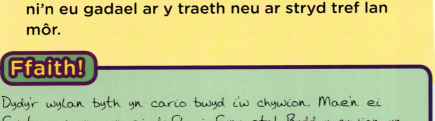

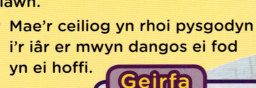

Geirfa

crombil: cwdyn crwn mewn aderyn sy'n cynnwys y bwyd

torlan: glan afon, lle mae'r dŵr wedi torri o dani hi

A wyddoch chi ...

Aderyn drycin Manaw

★ Mae adar drycin Manaw yn byw allan ar y môr ar arfordir De America dros y gaeaf ac yn hedfan miloedd o filltiroedd i nythu.

★ Pan fyddan nhw'n nythu mewn tyllau, dim ond yn y nos y byddan nhw'n dod allan, er mwyn osgoi gwylanod fyddai'n ymosod arnyn nhw.

Ffaith!

Ym mis Ebrill 2002, cafodd aderyn drycin Manaw ei ddal ar Ynys Enlli. Roedd cylch am ei goes ers 1957, pan oedd tua phum mlwydd oed. Efallai mai dyma aderyn gwyllt hynaf Prydain.

Pâl

★ Mae gan y pâl fachau sy'n pwyntio am yn ôl yn ei big. Felly, dydy'r pysgod sydd ynddo ddim yn llithro allan eto.

★ Mae'r pâl yn 'hedfan' o dan y dŵr.

★ Mae'r ceiliog a'r iâr yn rhwbio eu pigau yn erbyn ei gilydd i ddangos eu bod yn hoffi ei gilydd.

Hugan

★ Hugan yw'r aderyn môr mwyaf yng ngogledd Cefnfor Iwerydd.

★ Mae'n gallu troelli 30 metr uwchben y dŵr, cyn plymio i ddal pysgodyn.

C+A

CWESTIWN: Pam mae Ynys Gwales, ar arfordir sir Benfro, yn wyn?

ATEB: Mae 39 000 o barau o huganod yn nythu yno, ac maen nhw'n domi – mae eu caca'n wyn!

Pioden y môr

★ Mae pioden y môr yn aderyn swnllyd iawn. Enw arall amdano yw Twm Pib. Yn y gaeaf, mae miloedd ohonyn nhw i'w gweld ar arfordiroedd ac aberoedd Cymru.

★ Maen nhw'n hoffi bwyta cocos, cregyn glas a mwydod y glannau, felly maen nhw'n pigo drwy'r tywod gwlyb ar ôl i'r llanw droi.

Geirfa

domi: gwneud pw-pw

aber/aberoedd: y man lle mae un afon yn llifo i afon fwy neu i'r môr; ceg afon

Adar cyffredin eraill
A wyddoch chi ...

Ehedydd

Ehedydd

★ Mae'r ehedydd yn codi'n syth i fyny o'i nyth, gan ganu o hyd. Mae'r gân i'w chlywed pan fydd fry yn yr awyr.

Gwennol

Gwennol

★ Bydd y wennol yn ymweld â Chymru dros yr haf. Mae'n treulio'r gaeaf yn Affrica.

★ Mae'r wennol yn gallu hedfan hyd at 200 milltir bob dydd.

★ Mae'r wennol bob amser yn hedfan pan fydd hi'n bwyta. Mae'n dal pryfed yn yr awyr.

★ Mae'r ceiliog yn gallu bod yn hunanol os bydd bwyd yn brin: byddan nhw'n cadw'r bwyd iddyn nhw eu hunain yn lle ei roi i'r cywion.

C+A

CWESTIWN: Faint o amser sydd cyn bydd gwenoliaid bach yn gallu hedfan?

ATEB: Tair wythnos.

Ffaith!

Mae nyth y wennol ar ffurf soser. Mae wedi'i wneud o fwd a gwair sych, gyda phlu tu mewn.

Ydfran

★ Mae'r ydfran, jac-y-do, sgrech y coed a'r frân yn perthyn i'r un teulu. Yr ydfran yw aelod mwyaf cymdeithasol teulu'r brain.

★ Mae'r ydfran tua ½ metr o hyd o flaen ei big i ben ei gynffon.

★ Maen nhw'n hedfan, yn bwydo ac yn nythu gyda'i gilydd.

★ Mae'r nythod yn aml yn yr un goeden, yn fwndeli anniben o frigau.

Ydfran

Crëyr glas

★ Mae gwddf hir a phig fel cyllell gan y crëyr glas.

★ Dydy e byth yn bell o'r dŵr – llyn, afon neu aber afon.

★ Mae'n hoffi bwyta pysgod ond weithiau bydd yn mynd i gae i chwilio am lygod bach.

★ Mae gan yr aderyn hwn lawer o enwau Cymraeg: crychydd, crechi, garan, crach y ding-don, crechyd dindon a llawer mwy!

Crëyr glas

Geirfa

hunanol: yn poeni amdanoch chi eich hun a neb arall

cymdeithasol: yn hoffi cwmni rhai eraill

Ffaith!

Roedd y crëyr yn arfer cael ei saethu i gael plu i addurno hetiau menywod. Ond mae hyn yn erbyn y gyfraith nawr.

A wyddoch chi ...

Y gwcw neu'r gog

★ Mae'r gwcw'n treulio'r haf yng Nghymru, ac yn mudo i Affrica i dreulio'r gaeaf.

★ Y ceiliog sy'n canu 'cwcw'.

★ Dydy'r gwcw ddim yn hoffi magu ei chywion ei hun. Mae'n gwylio adar eraill yn adeiladu eu nythod. Wedyn, pan fyddan nhw wedi dodwy eu hwyau, mae'r gog yn dodwy wyau yn yr un nyth.

★ Mae'r gwcw'n newid lliw'r wyau y mae hi'n eu dodwy, yn dibynnu ar liw'r wyau yn y nyth.

Ffaith!

Bydd y cyw gog yn hedfan yr holl ffordd i Affrica heb ei rieni. Mae greddf yn dweud wrtho ble i fynd.

★ Fel arfer, bydd y cyw gog yn fwy na'r adar eraill yn y nyth. Mae'n llwyddo i'w gwthio allan o'r nyth, er ei fod yn ddall!

★ Bydd y cyw'n bwyta pryfed a lindys, nes ei fod yn fwy na'r adar sy'n rhoi bwyd iddo. Weithiau maen nhw'n gorfod sefyll ar gefn y cyw er mwyn cyrraedd ei big!

Siglen fraith

★ Mae'r siglen fraith i'w gweld ym mhob man, hyd yn oed yng nghanol trefi!

★ Gwyliwch ei chwt neu ei chynffon yn symud i fyny ac i lawr.

C+A

CWESTIWN: Oes enw Cymraeg arall ar y siglen fraith?

ATEB: Oes, sigl-di-gwt!

Ffesant

★ Mae'n cael ei hela am ei fod yn dda i'w fwyta.

★ Daeth ffesantod o wledydd Asia'n wreiddiol, ond mae miloedd yn cael eu magu yng Nghymru. Yna, byddan nhw'n cael eu gadael yn rhydd er mwyn i bobl eu saethu nhw.

Geirfa

mudo: mynd i wlad arall

greddf: y gallu sydd gan rywun neu rywbeth i wneud pethau heb i neb eu dysgu

Adar ysglyfaethus
A wyddoch chi ...

★ Mae adar ysglyfaethus yn bwyta anifeiliaid bach, nadredd ac adar eraill.

★ Mae ganddyn nhw big bachog a chrafangau creulon i rwygo'r cig.

Dyma rai o adar ysglyfaethus mwyaf cyffredin Cymru.

Hebog tramor

★ Mae'r hebog tramor yn wych am hedfan.

★ Bydd yn hedfan uwchben ei ysglyfaeth ac yn taflu ei hun arno yn yr awyr fel carreg. Yna mae'n ei fwrw â'i grafanc finiog nes bydd yn cwympo i'r ddaear.

★ Bydd yn ei ddilyn i'r ddaear a'i fwyta, neu'n mynd ag ef at ei gywion.

Ffaith!

Mae hebogau tramor yn nythu ar bont y rheilffordd dros y Fenai, sy'n gwahanu Ynys Môn a'r tir mawr.

★ Roedd penhebogydd yn llysoedd hen frenhinoedd Cymru. Ei waith oedd hyfforddi'r hebogau i hela a gofalu amdanyn nhw.

C+A

CWESTIWN: Pa mor gyflym mae'r hebog yn gallu hedfan er mwyn cyrraedd ei ysglyfaeth?

ATEB: Tua 200 milltir yr awr.

Bwncath/Boda

★ Mae'r bwncath yn aml i'w weld yn eistedd ar bolyn telegraff neu gangen uchel coeden.

★ Bydd yn hedfan yn isel at y ddaear, a'i lygaid craff yn gwylio am ysglyfaeth, cyn disgyn yn sydyn.

★ Bydd y bwncath yn cario bwyd am ryw saith wythnos i'r cywion yn y nyth.

Geirfa

neidr/nadredd: mwy nag un neidr

bachog: fel bachyn

crafanc/crafangau: 'ewinedd' hir, miniog sydd ar draed rhai adar

ysglyfaeth: anifail sy'n cael ei ladd gan un arall i'w fwyta

gwahanu: dod rhwng, rhannu

penhebogydd: rhywun sy'n hyfforddi ac yn gofalu am hebogau

A wyddoch chi …

Cudyll coch

★ Mae'r cudyll coch i'w weld mewn pob math o gynefin yng Nghymru, hyd yn oed mewn trefi.

★ Yn aml gallwch ei weld yn hofran wrth y ffordd, neu'n gwylio am ysglyfaeth ar gangen uchel.

Gwalch glas

★ Mae'r gwalch glas yn aml i'w weld yn yr ardd, lle bydd yn hela adar bach.

★ Mae'r iâr yn llawer mwy o faint na'r ceiliog.

Barcut coch

★ Y barcut coch yw aderyn cenedlaethol Cymru.

★ Roedd yn arfer bod yn brin ac i'w weld yng nghanolbarth Cymru'n unig. Erbyn hyn, mae wedi lledaenu i sawl rhan arall o Gymru.

★ Mae'n frowngoch a brown golau ac mae ei gynffon fel triongl.

★ Mae lled ei adenydd yn mesur tua dau fetr.

Edrychwch ar siâp cynffon y barcut coch

Gwalch y pysgod

★ Yn yr awyr, mae gwalch y pysgod yn edrych fel gwylan fawr ddu a gwyn.

★ Mae ei ben a'i fol yn wyn, a'i gefn a'i adenydd yn dywyll.

★ Mae'n bwyta pysgod, fel mae ei enw'n dangos! Felly, mae'n byw ar afonydd, llynnoedd ac aberoedd o'r gwanwyn hyd ddiwedd yr hydref.

Geirfa

cynefin: y darn o dir lle mae rhywun neu rywbeth yn byw
canolbarth: ardal neu diroedd yng nghanol gwlad
lledaenu: gwasgaru
aberoedd: mwy nag un aber (ceg afon)

Hwyaid, elyrch a gwyddau
A wyddoch chi ...

★ Bydd rhai hwyaid, elyrch a gwyddau'n aros yng Nghymru drwy'r flwyddyn. Ond bydd llawer o hwyaid, elyrch a gwyddau'n hedfan yma i Gymru dros y gaeaf o gylch yr Arctig a gogledd Ewrop.

Ffaith!

Mae traed gweog gan hwyaid, gwyddau ac elyrch. Maen nhw fel padl llong. Maen nhw'n eu helpu i nofio ac yn eu cadw rhag suddo yn y llaid a'r mwd.

Hwyaden wyllt

★ Mae plu'r ceiliog yn fwy lliwgar na phlu'r iâr.

★ Gan y ceiliog mae pen gwyrdd, coler wen, bron borffor a chefn llwyd.

★ Bydd yr iâr yn dodwy saith neu wyth wy ac yn gori arnyn nhw yn y nyth am fis.

★ Mae hwyaid gwyllt yn hoffi bwyta hadau, blagur, dail, malwod, brogaod, penbyliaid a physgod bach.

Ffaith!

Mae gan gywion hwyaid got o blu wrth ddeor o'r wy. Felly maen nhw'n barod i adael y nyth ar unwaith ac maen nhw'n barod i nofio'n fuan ar ôl eu geni.

Hwyaden yr eithin

★ Mae hon yn hwyaden fawr sydd â phig coch a choesau pinc.

★ Mae lwmp coch ar big y ceiliog yn unig – does dim un gan yr iâr!

★ Mae hon i'w gweld yng Nghymru drwy'r flwyddyn.

C+A

CWESTIWN: Ydy traed hwyaid yn teimlo'r oerfel?

ATEB: Nac ydyn, felly maen nhw'n gallu nofio mewn dŵr rhewllyd.

Geirfa

elyrch: mwy nag un alarch

gweog: pan mae darnau o'r droed yn gysylltiedig â'i gilydd

gori: eistedd ar wyau i'w cadw'n gynnes

blagur: deilen neu flodyn cyn iddyn nhw agor

deor: torri allan o wy

atseinio: gwneud sŵn fel atsain

Ffaith!

Dydy cwac yr hwyaden ddim yn atseinio yn unman, a does neb yn gwybod pam.

A wyddoch chi ...

Alarch dof

★ Yr alarch dof yw aderyn mwyaf Cymru. Mae'n pwyso tua 12 cilogram ac mae'r hyd o bob pen i'w adenydd yn 2.5 metr.

★ Mae nyth yr alarch dof ar wyneb y dŵr. Mae wedi cael ei **angori** yno, felly mae'n gallu codi a disgyn gyda'r llif heb nofio i ffwrdd.

★ Bydd yr alarch dof yn hisian a hwtian os bydd rhywun yn mynd yn agos at y nyth.

Ffaith!

Mae alarch yn gallu torri coes dyn drwy ei tharo â'i adain.

Ffaith!

Y Goron yw perchennog pob alarch.

Gŵydd Canada

★ Mae'n aderyn swnllyd sy'n hoffi nofio a phori mewn haid fawr.

★ Doedd yr ŵydd hon ddim yng Nghymru'n wreiddiol; cafodd ei chyflwyno yma ac erbyn hyn mae'n gyffredin iawn.

Gŵydd wyllt

★ Mae pen yr ŵydd wyllt yn fawr ond mae ei phig yn fyr!

C+A

CWESTIWN: Ydy plu gwyddau'n ddefnyddiol?

ATEB: Ydyn, i lenwi clustogau a matresi. Roedd pluen fawr gŵydd yn arfer cael ei defnyddio i ysgrifennu, ac roedd pobl yn defnyddio adain gŵydd i lanhau.

Ffaith!

Wrth fudo, mae hwyaid a gwyddau'n aml yn hedfan ar ffurf y llythyren V. Mae pob aderyn yn hedfan yn yr aer y mae'r aderyn agosaf ato wedi'i daro â'i adenydd. Mae hyn yn codi'r aer, yn helpu'r aderyn i hedfan ac yn arbed egni.

Geirfa

angori: cael ei roi'n sownd wrth rywbeth

Tylluanod
A wyddoch chi ...

Tylluan frech

- ★ Adar **ysglyfaethus** yw tylluanod. Adar y nos ydyn nhw. Maen nhw'n hela yn y nos.
- ★ Mae pum math o dylluan – gwdihŵ – yn byw yng Nghymru.

Tylluan frech

- ★ Mae gan y dylluan frech wyneb llydan, crwn.
- ★ Mae **amlinell** dywyll o gwmpas ei llygaid du.
- ★ Mae i'w gweld mewn parciau a choedwigoedd.

Tylluan fach

- ★ Mae ganddi smotiau gwyn ar ei thalcen.
- ★ Mae ei llygaid yn felyn ag ymylon du.
- ★ Bydd i'w gweld yn eistedd ar gangen yn ystod y dydd.

Ffaith!

Mae **cannwyll llygaid** tylluanod yn llawer mwy na channwyll llygaid adar cyffredin.

Ffaith!

Mae gan blu hir adenydd a chynffon y dylluan **ymylon** meddal. Felly dydy'r ysglyfaeth druan ddim yn ei chlywed yn hedfan yn dawel tuag ati.

Tylluan gorniog

- ★ Mae gan y dylluan gorniog blu hir sy'n edrych fel clustiau. Mae'r rhain yn codi pan fydd yn cael ofn.
- ★ Mae ganddi lygaid oren.
- ★ Enw Cymraeg arall arni yw tylluan hirglust.

Geirfa

ysglyfaethus: yn bwyta cig anifeiliaid
amlinell: llinell o amgylch rhywbeth
cannwyll llygaid: y twll sydd yng nghanol llygad sy'n galluogi rhywun neu rywbeth i weld
ymyl/ymylon: rhannau ar yr ymyl

C+A

CWESTIWN: Ydy gwdihŵ yn symud ei llygaid i edrych o gwmpas?
ATEB: Nac ydy, ond mae'n gallu troi ei phen drwy 270°!

A wyddoch chi ...

Tylluan wen

★ Mae ei hwyneb, ei bron a'i bol yn wyn.

★ Mae ganddi wyneb siâp calon a llygaid du.

★ Mae'r big yn ffurfio siâp y llythyren V.

★ Hi sydd â'r coesau hiraf o'r holl dylluanod.

★ Mae'n hedfan yn isel, gan edrych fel ysbryd gwyn.

Ffaith!

Bydd y dylluan yn llyncu anifeiliaid bach yn gyfan. Ond os yw'r anifail yn fwy, bydd yn ei dorri'n ddarnau cyn ei lyncu.

Tylluan glustiog

★ Mae rhai'n nythu ar dir uchel yng Nghymru ac ar Ynys Sgomer.

★ Mae gan y dylluan glustiog blu byr sy'n edrych fel clustiau ac sy'n codi pan fydd hi'n teimlo ei bod hi mewn perygl.

C+A

CWESTIWN: Beth yw 'pelenni tylluanod'?

ATEB: Pelen sy'n llawn o esgyrn, plu a ffwr – y pethau dydy'r dylluan ddim yn gallu eu treulio ar ôl eu llyncu. Mae naturiaethwyr yn casglu'r pelenni ac yn edrych arnyn nhw i weld pa anifeiliaid y mae'r dylluan wedi bod yn eu bwyta.

Ffaith!

Mae clustiau tylluanod yn llawer mwy sensitif na'n clustiau ni. Hefyd, mae un glust yn is i lawr ar ochr y pen na'r llall, felly mae'r dylluan yn gwybod yn union o ble daw sŵn. Mae'n gallu dod o hyd i anifail bach fel llygoden hyd yn oed pan fydd hi'n dywyll fel bol buwch!

Geirfa

treulio bwyd: troi bwyd yn egni i'r corff

naturiaethwr/naturiaethwyr: pobl sydd â diddordeb mawr ym myd natur

Colomennod
A wyddoch chi ...

Ysguthan

★ Dydy'r ffermwyr ddim yn hoffi'r ysguthan gan eu bod yn bwyta hadau a grawn.

★ Mae ysguthaniaid yn dod at ei gilydd yn heidiau mawr yn y gaeaf i bori caeau.

★ Mae'r ysguthan yn perthyn i deulu'r colomennod.

Colomen y graig

★ Mae colomen y graig i'w gweld yng nghanol trefi a dinasoedd Cymru. Roedd rhai gwyllt yn arfer bod yn y wlad, ond maen nhw wedi diflannu nawr.

Colomen y graig

Colomennod dychwel

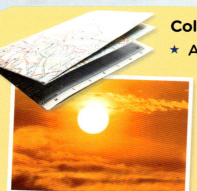

★ Aderyn dof yw colomen ddychwel ac mae'n perthyn i golomen y graig.

★ Mae colomennod dychwel yn gallu gwneud rhywbeth arbennig iawn: mynd yn ôl i'w cartrefi heb SatNav na map! Maen nhw'n defnyddio'r haul a meysydd magnetig y ddaear i ddod o hyd i'r ffordd.

★ Mae pobl wedi bod yn hyfforddi colomennod ers canrifoedd i fynd yn ôl i'w cartrefi ar ôl cael eu gollwng mewn lle arall ymhell i ffwrdd.

★ Roedd colomennod yn arfer cario negeseuon mewn silindr bychan oedd yn cael ei glymu wrth eu coesau.

★ Mae colomennod yn gallu hedfan yn gyflym, hyd at 100 milltir yr awr.

Colomen ddychwel

★ Mae colomennod dychwel yn byw gyda'i gilydd mewn cwt yn yr ardd, fel arfer. Weithiau mae rhai pobl yn cadw degau o golomennod.

Geirfa

grawn: hadau ŷd neu lafur

dof: ddim yn wyllt

maes magnetig/meysydd magnetig: llinellau grym o gwmpas y ddaear

canrifoedd: sawl 100 o flynyddoedd

A wyddoch chi ...

Ffaith!

Mae colomen ddychwel sy'n ennill rasys yn gallu bod yn ddrud iawn. Mae'r rhai gorau'n werth degau o filoedd o bunnoedd!

Rasio colomennod

★ Mae pobl yn rasio'r adar yn erbyn ei gilydd.

★ Mae'r colomennod yn cael eu gollwng o un man gyda'i gilydd. Mae'r pellter i'w cartref yn cael ei fesur. Pan fydd y golomen yn cyrraedd adref, mae'r perchennog yn nodi'r amser. Yr aderyn a hedfanodd gyflymaf sy'n ennill. Mae rasys yn gallu bod rhwng 100 cilometr a 1000 cilometr.

Hebog tramor

Peryglon i'r colomennod dychwel

★ Mae llawer o beryglon i'r colomennod: gwynt cryf, stormydd a hebogau tramor sy'n hoffi eu bwyta.

★ Mae rhai pobl yn meddwl eu bod nhw'n cael eu drysu gan signalau ffôn symudol.

Rasio colomennod yng Nghymru

★ Mae tua 100 clwb rasio colomennod yng Nghymru, a 1900 o aelodau.

★ Mae traddodiad cryf o gadw colomennod mewn rhai ardaloedd, fel cymoedd de Cymru.

Geirfa

drysu: methu deall rhywbeth

traddodiad: arfer dros gyfnod hir o amser

Adar mewn perygl
A wyddoch chi ...

★ Mae niferoedd adar o bob math wedi cwympo rhwng 1970 a 2013:
- adar ar dir ffermio – cwymp o dros 50%
- adar y goedwig – gostyngiad o dros 25%
- adar y dŵr a'r glannau – cwymp o dros 15%
- adar y môr – gostyngiad o dros 20%

Pam mae hyn yn digwydd?

★ Ar ffermydd, mae:
- llai o gloddiau i adar nythu a chael hadau a ffrwythau i'w bwyta
- mwy o ddefnyddio plaladdwyr
- mwy o ffermio dwys, felly does dim gwastraff yn cael ei adael i'r adar ar y caeau

★ Mewn coedwigoedd, mae:
- mwy o geirw sy'n pori lle gallai adar fwydo
- llai o fannau i nythu a bwydo

★ Wrth y glannau, mae:
- mwy o ysglyfaethwyr fel cadno neu'r llwynog
- mwy o lygredd dŵr

★ Yn y môr, mae
- mwy o lygredd dŵr
- llai o bysgod a mwydod y mae'r adar môr yn hoffi eu bwyta

★ Weithiau mae'r adar yn colli eu cynefin achos bod pobl eisiau adeiladu heolydd neu gartrefi. Mae rhai o'r sefydliadau sy'n cefnogi adar yn gwrthwynebu hyn.

Geirfa

gostyngiad: cwymp, nifer llai

plaladdwr/plaladdwyr: cemegau sy'n lladd gwahanol fathau o bla a thrychfilod

ffermio dwys: ffermio llawer o gnydau ar ôl ei gilydd, heb egwyl

ysglyfaethwr/ysglyfaethwyr: anifeiliaid sy'n bwyta cig adar neu anifeiliaid eraill

gwrthwynebu: dweud eich bod yn erbyn rhywbeth

Ffaith!

Mae olew'n gallu lladd llawer o adar môr.

Adar prin
A wyddoch chi ...

★ Mae nifer o adar prin yng Nghymru.

Brân goesgoch

★ Mae ychydig o frain coesgoch ar arfordir de Cymru, a rhai mannau yng ngogledd Cymru.

★ Mae niferoedd y frân goesgoch wedi codi ychydig yn ddiweddar.

Bras melyn

★ Dydy'r bras melyn ddim i'w weld yn aml nawr ar dir ffermio yng Nghymru.

Cwtiad aur

★ Ychydig o'r cwtiaid aur sy'n nythu ar ucheldir Cymru, ond mae rhai'n symud i'r tir isel yn y gaeaf.

Grugiar ddu

★ Mae rhai grugieir du'n dal i nythu ar ucheldir gogledd a chanolbarth Cymru.

★ Mae'r niferoedd wedi codi ychydig yn ddiweddar.

Gwalch y pysgod

★ Mae gwalch y pysgod wedi dod yn ôl i Gymru'n ddiweddar – mae ychydig o barau'n nythu yma yn yr haf.

Gylfinir

★ Roedd y gylfinir yn arfer nythu yng Nghymru yn eu miloedd ond mae llai o lawer erbyn hyn.

Geirfa

prin: dim llawer ar gael
ucheldir: tir uchel

Brân goesgoch

Bras melyn

Cwtiad aur

Grugiar ddu

Gwalch y pysgod

Gylfinir

Chwedl Branwen

★ Yn y chwedl, pan oedd Branwen yn garcharor yn Iwerddon, dysgodd hi ddrudwen i siarad.

★ Hedfanodd y ddrudwen at Bendigeidfran y cawr, brawd Branwen, a chario llythyr yn dweud wrtho fod Branwen yn anhapus yn Iwerddon.

★ Cerddodd Bendigeidfran draw i Iwerddon i achub ei chwaer.

Hela'r dryw

★ Roedd bechgyn ifanc a dynion yn arfer 'hela'r dryw' ar ŵyl San Steffan.

★ Ar ôl dal y drywod, roedden nhw'n eu cario ar bolyn wedi'i addurno â dail celyn, ac yn canu wrth gerdded.

★ Ar nos Ystwyll, sef y chweched o Ionawr, byddai pedwar dyn cryf yn cario un o'r drywod mewn blwch arbennig ar bolion.

★ Bydden nhw'n galw heibio i dai pobl i ofyn am arian, bwyd a chwrw.

★ Roedd pobl yn credu bod hyn yn dod â lwc dda iddyn nhw.

Penillion

★ Dacw alarch ar y llyn,
Yn ei gwch o sidan gwyn.

★ Deryn y bwn o'r banna'
Aeth i rodio'r gwylia';
Lle disgynnodd o ar ei ben, ar ei ben,
Bwm bwm, bwm bwm,
Ond i bwn o 'fala.

★ Y sawl a dynno nyth y dryw,
ni wêl ddaioni tra bo byw.

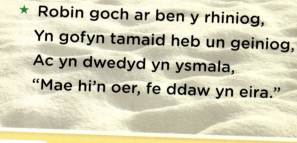

★ Robin goch ar ben y rhiniog,
Yn gofyn tamaid heb un geiniog,
Ac yn dwedyd yn ysmala,
"Mae hi'n oer, fe ddaw yn eira."

Robin goch

★ Os lladdwch chi'r robin goch,
cewch fynd i'r tân coch.
Os lladdwch chi'r dryw,
chewch byth weld Duw.

Adar mewn dywediadau a jôcs
A wyddoch chi ...

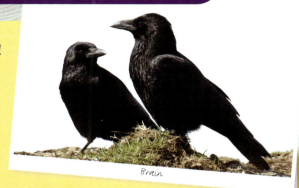
Brain

★ Mae adar yn **canu, telori, trydar** a **phyncio**!

★ **Mae brân i frân yn rhywle** – mae pawb yn mynd i ddod o hyd i gariad.

★ Os ydy eich **ysgrifen fel traed brain**, mae gennych chi ysgrifen anniben a blêr.

★ Os yw rhywun yn **dipyn o aderyn**, mae'n dipyn o gymeriad.

★ **Un wennol ni wna wanwyn** – mae'n rhaid gweld sawl gwennol cyn bod yn siŵr fod y gwanwyn wedi dod.

★ **Mae eisiau 'deryn glân i ganu** – ddylech chi ddim beirniadu pobl eraill os nad ydych chi'n berffaith eich hun.

Eos

★ **Nid hawdd o frân y gwneir eos** – allwch chi ddim gwneud rhywbeth hardd allan o rywbeth hyll neu salw.

★ **Nid yw brân yn wynnach o'i golchi** – allwch chi ddim newid rhai pobl/ pethau.

★ Mae'r ymadrodd '**Hen 'sguthan yw hi!**' yn cael ei ddefnyddio i ddisgrifio menyw annymunol iawn.

Ysguthan

Jôcs
★ Ydych chi'n gallu meddwl am ragor o jôcs?

Sut mae sillafu aderyn du mewn pedair llythyren?

Brân.

Beth gewch chi os prynwch chi hwyaden?

Bil Cwac Cwac.

Pam mae gwenoliaid yn hedfan i'r de yn y gaeaf?

Achos ei bod hi'n rhy bell i gerdded.

Beth oedd Batman yn ei wneud yn y goeden?

Chwilio am Robin!

Cnoc cnoc! Pwy sy 'na? Cnocell y coed

Geirfa
beirniadu: penderfynu pa mor dda neu ddrwg yw rhywbeth
eos: aderyn sy'n canu'n hyfryd yn y nos

Ofergoelion
A wyddoch chi ...

★ Beth yw ofergoelion? Pethau mae pobl yn eu credu oherwydd ofn neu oherwydd nad ydyn nhw'n deall rhywbeth yn iawn.

★ Mae rhai pobl yn codi llaw ar bioden os ydyn nhw'n gweld un.

★ Mae rhai'n credu bod gweld nifer gwahanol o biod yn golygu pethau gwahanol.

★ Dydy rhai pobl ddim eisiau gweld piod o gwbl achos maen nhw'n credu eu bod nhw'n anlwcus iawn.

★ Mae tylluanod yn aml mewn storïau ysbryd, efallai oherwydd bod y dylluan wen yn edrych fel ysbryd wrth hedfan, neu achos bod sŵn gwdihŵ yn codi ofn ar bobl.

Aderyn Corff

★ Slawer dydd, os oedd tylluan neu robin goch yn taro yn erbyn ffenestr neu ddrws, roedd pobl yn meddwl y byddai rhywun yn marw yn y tŷ cyn hir.

★ Efallai, oherwydd yr aderyn corff:
  • mae rhai pobl yn gwrthod gwisgo dillad â llun aderyn arno, neu gael unrhyw beth sydd â llun aderyn arno yn y tŷ.

Ffaith!

Mae rhai pobl yn dweud ei bod hi'n lwcus os bydd aderyn yn domi arnoch chi neu'r car.

★ Pan fyddwch chi'n gweld robin am y tro cyntaf yn y flwyddyn newydd, gwnewch ddymuniad, ac efallai y daw'n wir!

Geirfa

dymuniad: rhywbeth rydych chi eisiau iddo ddigwydd

Logos a masgots
A wyddoch chi ...

Colomen wen

★ Mae'r golomen wen yn symbol o heddwch.

★ Yn stori Arch Noa yn y Beibl, roedd colomen wen yn dangos bod tir wedi dod i'r golwg.

★ Mae'r frân goesgoch ar arfbais Sir y Fflint.

★ Yr Elyrch yw enw tîm pêl-droed Dinas Abertawe, a Cyril yr alarch yw masgot y clwb. Mae ganddo wraig o'r enw Cybil.

★ Y Gweilch – masg y gwalch yw logo'r gweilch. Roedd y masg yn cael ei roi am ben gwalch oedd yn cael ei hyfforddi i hela.

★ Yr Adar Gleision – mae'r aderyn glas yn fwy amlwg ar logo newydd clwb pêl-droed Dinas Caerdydd. Ydych chi wedi gweld y logo newydd?

Caneri

★ Y Caneris yw enw Clwb Pêl-droed Caernarfon a'r Robins yw enw Clwb Pêl-droed Wrecsam.

★ Mae'r barcut coch yn amlwg ar logo Cyngor Sir Powys.

★ Mae'r pâl yn rhan o logo Parc Cenedlaethol Sir Benfro.

Geirfa
heddwch: amser heb ryfel

arfbais: hen logo sy'n cynnwys pethau fel tarian, adar ac anifeiliaid